Architectural Rendering ②
Leisure & Resort Space

大衆的なリゾートライフとか，近代的なレジャー産業が，本格的に胎動をはじめたのはここ数年来のことで，事業者による設計のプロセスを見ると，ほぼ全面的に諸外国の例を参考もしくはコピーしている。遠からず，我が国でも独創的なレジャー文化（施設利用の面でも）が展開するのであろうが，そのキーポイントとなるのは，トータルエンジニアリング態勢を整えることだろう。しかし，現状では，ひとつの開発プロジェクトに当たって，建築，土木，機械，イベント，経理などの各部門による緊密なコンビネーションがいかに大切かが理解されていない。これは，大企業数社が係わる開発事業ですら，たとえば，土木会社がイニシアチブをとった場合，土木事業偏重の立案がなされるといった状態である。

　東京ディズニーランドができたとき，その制作には多くの分野のエンジニアやアーチストを動員して，周到な段取りを仕組んで造られていることに，関係者は驚嘆した。当時の日本の遊園地事業というものは，土木業者と遊具機械業者がフィールドに立って構想を語り合えば，翌日には着工，といった程度のものであったから，そのカルチャーショックは大きかった。

　さて，次元は異なるが，パースの制作についても，何人かのアーチストがジョイントして取り組む，といった場面があってもよいといえないだろうか。高速道路やダム施設のパースには風景描写がつきものだし，工場や倉庫には機械，レジャー施設には人物など，建築パースの分野が拡がるとともに，建築以外のファクターが増えている。

　レジャー，リゾート施設の建築では，その環境と，利用する人々の情景を表現することが重要となってくる。

宣伝物にも利用するパースになると，雰囲気を主体としたイラストレーションに近い絵が要求されて，発注者もアーチストの選択に苦慮することがある。こういった場合，パースペクティビストと，人物専門のイラストレーター，メカ・レンダリング専門家，そして風景画家が寄り合いで合作することができればいちばん望ましい。しかし，そういった制作体勢を有するアトリエとかチームが，今の日本ではほとんど見られない。また，チームワークのキャリアを積むことも容易ではない。

　何でも描けるというレンダラーも存在するが，それはいわばどの部分をとってもプロではないわけで，ここに合作の必要性を提言するのは，今後，一層高品位のパースが制作されることを期待するからなのだ。

　サーキット施設のパースを描くとしたら，レーシングカーやレーサー，メカニック，観客を効果的に配置してゆかねばならない。それらの添景を描くのに，写真などをトレースしてモンタージュする方法もあるが，サーキット場の興奮を体験しているレースマニアのイラストレーターを起用すれば一層雰囲気をもりあげることができる。

　とかく，パースの発注は納期にゆとりのないことが通例であるが，時には，時間と予算をかけて，パーフェクトな作品を作ることを試みてみたいものである。そのようなリッチさを追求することの可能な時代とはなった。そして，リゾート産業こそは，ゆとりの上に築かれるものだろう。

序　文

It is only in the last few years that the modern leisure industry concentrating on resorts has quickened its pace. It is therefore quite natural for most companies connected to this industry to be relying on preconceived ideas from other countries and then applying their own planning abilities or actually copying these ideas. Eventually Japan will develop its own unique leisure culture, and the key point to this is securing the complete organization for the total engineering. However, at the moment the necessity for close cooperation between the various factors concerned such as architecture, civil engineering machinery and accounts is not fully understood.

This can be said for any major projects undertaken on a joint basis between several major companies. For example, if the initiative for the project is placed with a civil engineering company, the chances are that the plans would have a distinct bias towards civil engineering.

Preface

When the Tokyo Disneyland and was completed, the people connected to the project were amazed at the carefully worked-out arrangements for the production as it mobilized many engineers and artists from a wide rage of fields. Until then, the construction of a fairground in Japan simply involved civil engineers and fun-ride makers. They would stand on the site and concrete their plans there and then. Work on the construction would commence the following day. The cultural shock experienced when they set eyes on Disney and was therefore great.

Although this is on a different level, a similar sort of approach should be undertaken for perspective production and some artists should be involved from the beginning. The demand for elements other than mere architecture is increading more and more in accordance with the extention of architectural perspective, and factors such as the point that highways and dams need scenery, factories and warehouses need machinery and leisure facilities need people make such cooperation indispensible.

The expression of the surroundings and scenes of people using the facilities becomes an important point for the architecture of leisure and resorts. When it comes to perspectives used for advertising, the artists are required to stress the atmosphere in pictures which are close to illustrations. It is therefore necessary to show some consideration when commissioning appropriate artists.

In this case, it would be ideal if the perspective artists, the character specialists, the mechanic renderers and the scenery artists could get together. However, it is almost impossible to find ateliers or teams in Japan that have this style of production set-up, and even if one does manage it is difficult to find a team with much experience.

There are renderers who can turn their hand to almost anything, but they are not professional at any of them. That is the reason why I suggest the necessity of joint work as a higher level of quality will inevitably be produced.

A perspective drawing of a racing circuit requires the effective arrangement of the cars, the racers, the mechanics and the spectators. The human interest scenes can be montaged by taking some tracings of photographs, but for a greater atmospheric effect it is better to use an illustrator who has actually experienced the excitement of a race track.

Usually there is a strict time limit in which a perspective drawing must be completed. It would be wonderful if one could take as much time as one needed on an unlimited budget in order to create the perfect piece of work.

The pursuit for such richness is a possibility in this day and age. so I hope the people connected with the resort industry will allow us the leisurely amount of time that they wish people to spend at their resorts.

目　次
C O N T E N T S

凡例 (データの読み方)

a: 建築物名称

b: 所在地

c: 設計事務所

d: パース作画者

e: 出品者

LEGEND (A Guide to How to Read Data)

a: Project Title

b: Location

c: Planning Office

d: Renderer

e: Applicant

Architectural Rendering ❷
Leisure & Resort Space

Copyright © 1990 Graphic-sha Publishing Co. Ltd.

1-9-12 Kudankita, Chiyoda-ku, Tokyo 102, Japan

ISBN4-7661-0571-0

Printed in Japan

First Printing, Nov. 1990

1.宿泊施設

1.Hotels & Inns

シティーホテル
リゾートホテル
ブライダルホール
温泉旅館
国民宿舎
観光旅館
ロッジ
ビジネスホテル……他

City Hotel
Resort Hotel
Bridal Hall
Hot Spa Inn
National Lodge
Inn and B&B
Lodge
Business Hotel……etc.

a:Tホテル
b:東京都中央区
c:協立建築設計事務所
d:協立建築設計事務所 デザイン室
e:協立建築設計事務所

a:T HOTEL
b:Chuo-ku,Tokyo
c:Kyoritsu Associates Architects & Engineers
d:Kyoritsu Design Room
e:Kyoritsu Associates Architects & Engineers

a:Mブライダルホール
b:東京都千代田区
c:協立建築設計事務所
d:協立建築設計事務所 デザイン室
e:協立建築設計事務所
●
a:M WEDDING HALL
b:Chiyoda-ku, Tokyo
c:Kyoritsu Associates Architects & Engineers
d:Kyoritsu Design Room
e:Kyoritsu Associates Architects & Engineers

a:Mホテル
b:新潟県六日町市
c:協立建築設計事務所
d:協立建築設計事務所 デザイン室
e:協立建築設計事務所
●
a:M HOTEL
b:Muikamachi-shi, Niigata
c:Kyoritsu Associates Architects & Engineers
d:Kyoritsu Design Room
e:Kyoritsu Associates Architects & Engineers

a:Bホテル
b:アメリカ ハワイ州
c:協立建築設計事務所
d:協立建築設計事務所 デザイン室
e:協立建築設計事務所
●
a:B HOTEL
b:Hawaii,U.S.A.
c:Kyoritsu Associates Architects & Engineers
d:Kyoritsu Design Room
e:Kyoritsu Associates Architects & Engineers

a:住友生命仙台中央ビル
b:宮城県仙台市
c:日建設計
d:白井秀夫
e:日建設計
●
a:SUNITOMO LIFE SS30 BUILDING
b:Sendai-shi,Miyagi
c:Nikken Sekkei Ltd.
d:Hideo Shirai
e:Nikken Sekkei Ltd.

a:ロイヤルオークホテル
b:滋賀県大津市
c:吉村建築事務所
d:河村孝士
e:イシダ建築デザイン デザイン部
●
a:ROYAL OAK HOTEL
b:Otsu-shi,Shiga
c:Yoshimura Architectural Office Co.,Ltd.
d:Takashi Kawamura
e:Ishida Architectural Design Office Co.,
Design Section

a:エンゼルリゾート稲取
b:静岡県伊豆
c:日榮建設工業
d:斎藤元紀
e:斎藤元紀
●
a:ANGEL RESORT INATORI
b:Izu,Shizuoka
c:Nichiei Kensetsu Co.,Ltd.
d:Motoki Saito
e:Motoki Saito

a:シティホテル計画案
c:アイ・エム・エー
d:赤坂孝史
e:アカサカレンダリング
●
a:CITY HOTEL PLAN
c:IMA Corpoation
d:Takashi Akasaka
e:Akasaka Rendering

a:ホテル糸魚川 外観/プール
b:新潟県糸魚川市
d:赤坂孝史
e:アカサカレンダリング

●
a:HOTEL ITOI-RIVER-EXTERIOR VIEW
b:Itoigawa-shi, Niigata
d:Takashi Akasaka
e:Akasaka Rendering

a:ホテル糸魚川 外観/プール
b:新潟県糸魚川市
d:赤坂孝史
e:アカサカレンダリング

●
a:HOTEL ITOI-RIVER-EXTERIOR VIEW
b:Itoigawa-shi, Niigata
d:Takashi Akasaka
e:Akasaka Rendering

a：月岡パレスホテル
b：新潟県
c：日装建設一級建築士事務所
d：寺川昌子
e：寺川昌子
●
a：TSUKIOKA PALACE HOTEL
b：Niigata
c：Nissou Architectural Planning Office Co.,Ltd.
d：Masako Terakawa
e：Masako Terakawa

a:鳴門館
b:徳島県
c:佐藤総合計画
d:寺川昌子
e:寺川昌子
●
a:NARUTO KAN
b:Tokushima
c:AXS Sato Inc.
d:Masako Terakawa
e:Masako Terakawa

a:リゾートホテル
b:長野県茅野市蓼科高原
c:三井ホーム
d:田中英介
e:デン・コーポレーション
●
a:RESORT HOTEL
b:Tateshina-Highland, Chino-shi, Nagano
c:Mitsui Home Co., Ltd.
d:Eisuke Tanaka
e:Den. Corporation

a:リゾートイン那須　　　a:RISORT IN NASU
b:栃木県　　　　　　　　b:Tochigi
c:佐藤総合計画　　　　　c:AXS Sato Inc.
d:寺川昌子　　　　　　　d:Masako Terakawa
e:寺川昌子　　　　　　　e:Masako Terakawa

a:伊香温泉かのう屋ロビー
b:群馬県
c:日装松浦設計
d:寺川昌子
e:寺川昌子
●
a:INAHO HOT-SPRING KANOU-YA
b:Gunma
c:Nissou Matsuura Sekkei Co.,Ltd.
d:Masako Terakawa
e:Masako Terakawa

a:伊香保温泉かのう屋
b:群馬県
c:日装松浦設計
d:寺川昌子
e:寺川昌子
●
a:IKAHO HOT-SPRING KANO-YA
b:Gunma
c:Nissou Matsuura Sekkei Co.,Ltd.
d:Masako Terakawa
e:Masako Terakawa

a:リゾートホテル
b:静岡県
c:デン・コーポレーション
d:山田正弘
e:デン・コーポレーション
●
a:RESORT HOTEL
b:Shizuoka
c:Den.Corporation
d:Masahiro Yamada
e:Den.Corporation

a：日建第7ビル（ホテル）
b：東京都豊島区
c：佐藤総合計画
d：寺川昌子
e：寺川昌子
●
a：NIKKEN BUILDING NO. 7（HOTEL）
b：Toshima-ku, Tokyo
c：AXS Sato Inc.
d：Masako Terakawa
e：Masako Terakawa

a:日建第8ビル(ホテル)　　　a:NIKKEN BUILDING NO.8(HOTEL)
b:東京都豊島区　　　　　　　b:Toshima-ku,Tokyo
c:佐藤総合計画　　　　　　　c:AXS Sato Inc.
d:寺川昌子　　　　　　　　　d:Masako Terakawa
e:寺川昌子　　　　　　　　　e:Masako Terakawa

a:日建第8ビル（ホテル）　　　a:NIKKEN BUILDING NO.8（HOTEL）
b:東京都豊島区　　　　　　　b:Toshima-ku,Tokyo
c:佐藤総合計画　　　　　　　c:AXS Sato Inc.
d:寺川昌子　　　　　　　　　d:Masako Terakawa
e:寺川昌子　　　　　　　　　e:Masako Terakawa

a:ホテル&レストラン セラビ
b:宮城県仙台市
c:アヅチ・プランニングスタジオ
d:安土実
e:安土実
●
a:HOTEL & RESTAURANT CERAVIE
b:Sendai-shi, Miyagi
c:Azuchi Planning Studio
d:Minoru Azuchi
e:Minoru Azuchi

a:Hホテル計画
b:愛知県名古屋市
c:日本国土開発
d:四十澤健文
e:アートスタジオ画楽
●
a:H HOTEL PLAN
b:Nagoya-shi, Aichi
c:JDC Corporation
d:Takefumi Yosozawa
e:Art Studio Gallac

a:HOTEL TAIHEI
b:愛媛県松山市
c:アトリエA&A
d:川嶋俊介
e:川嶋俊介

a:HOTEL TAIHEI
b:Matsuyama-shi, Ehime
c:Atelier A&A
d:Shunsuke Kawashima
e:Shunsuke Kawashima

a:IDE HOTEL PLAN
c:新企画設計
d:川嶋俊介
e:川嶋俊介

a:IDE HOTEL PLAN
c:Sin Project Architectural Association
d:Shunsuke Kawashima
e:Shunsuke Kawashima

a:今子浦国民宿舎計画案
b:兵庫県香住町
c:赤松菅野建築設計事務所
d:三輪逸夫
e:アルド三輪建築設計事務所

a:IMAKOURA NATIONAL RESORT HOUSE PLAN
b:Kasumi-cho, Hyogo
c:Akamatsu Sugano Architectural Office Co., Ltd.
d:Itsuo Miwa
e:ARD Miwa Architectural Office

a：ホテル・グリーンプラザ・アネックス
b：大阪府大阪市
c：A&A
d：三輪逸夫
e：アルド三輪建築設計事務所
●
a：HOTEL GREEN-PLAZA ANNEX
b：Osaka-shi, Osaka
c：A&A Co., Ltd.
d：Itsuo Miwa
e：ARD Miwa Architectural Office

a:ニセコスキー場ロッジ
b:北海道ニセコ
c:アトリエブンク
d:高崎千鶴子
e:アーキサイト
●
a:NISEKO SKI LODGE
b:Niseko , Hokkaido
c:Atelier Bunk Co . , Ltd .
d:Chizuko Takasaki
e:Archisight Co . , Ltd .

a:コバランドスキー場ハウス
b:北海道札幌市
c:岸田建設
d:高崎千鶴子
e:アーキサイト
●
a:KOBA LAND SKI HOUSE
b:Sapporo-shi , Hokkaido
c:Kishida Construction Co . , Ltd .
d:Chizuko Takasaki
e:Archisight Co . , Ltd .

a：ダイヤモンドリゾート八ヶ岳美術館リゾートホテル
b：長野県諏訪郡
c：鹿島建設建築設計本部 VIC
e：鹿島建設
●
a：DIAMOND RESORT YATSUGATAKE ART MUSEUM RESORT HOTEL
b：Suwa-gun, Nagano
c：Kajima Corporation, Architectural Design Division VIC
e：Kajima Corporation

a：ダイヤモンドリゾート八ヶ岳美術館リゾートホテル
b：長野県諏訪郡
c：鹿島建設建築設計本部 VIC
e：鹿島建設
a：DIAMOND RESORT YATSUGATAKE ART MUSEUM RESORT HOTEL
b：Suwa-gun, Nagano
c：Kajima Corporation, Architectural Design Division VIC
e：Kajima Corporation

a：シビックゾーン生活文化拠点開発事業（都市ホテル）提案競技案
b：兵庫県尼崎市
c：日建設計
d：芳谷勝濔
e：日建設計

a：WORK FOR CIVIC ZONE LIFE AND CULTURE BASE DEVELOPMENT PROJECT(URBAN HOTEL) DESIGN　COMPETITION
b：Amagasaki-shi,Hyogo
c：Nikken Sekkei Ltd.
d：Katsumi Yoshitani
e：Nikken Sekkei Ltd.

a:南海サウスタワーホテル大阪
b:大阪府大阪市
c:日建設計
d:當山悦司
e:日建設計
●
a:NANKAI SOUTH TOWER HOTEL, OSAKA
b:Osaka-shi, Osaka
c:Nikken Sekkei Ltd.
d:Etsuji Toyama
e:Nikken Sekkei Ltd.

a:ブライトン・タワーズ・新浦安
b:千葉県浦安市
c:日建設計
d:桐原武
e:日建設計
●
a:BRIGHTON TOWERS,SHIN-URAYASU
b:Urayasu-shi,Chiba
c:Nikken Sekkei Ltd.
d:Takeshi Kirihara
e:Nikken Sekkei Ltd.

a:Mリゾート計画
b:群馬県
c:日建設計
d:山賀孝裕
e:日建設計
●
a:M-RESORT PROJECT
b:Gunma
c:Nikken Sekkei Ltd.
d:Takahiro Yamaga
e:Nikken Sekkei Ltd.

a:松島S計画
b:宮城県
c:竹中工務店
d:佐藤忠明
e:竹中工務店
●
a:MATSUSHIMA S-PROJECT
b:Miyagi
c:Takenaka Corporation
d:Tadaaki Sato
e:Takenaka Corporation

a:相州秦野サウナビジネスホテル
b:神奈川県秦野市
c:竹中工務店
d:河野美雄
e:竹中工務店
●
a:SOSHU HADANO SAUNA BUSINESS HOTEL
b:Hadano-shi,Kanagawa
c:Takenaka Corporation
d:Yoshio Kono
e:Takenaka Corporation

a:HF計画
b:大阪府大阪市
c:竹中工務店
d:宮谷純一
e:竹中工務店
●
a:HF PROJECT
b:Osaka-shi,Osaka
c:Takenaka Corporation
d:Junichi Miyatani
e:Takenaka Corporation

a:ホテル糸魚川
b:新潟県糸魚川市
d:赤坂浩司
e:赤坂浩司
●
a:HOTEL ITOI-RIVER
b:Itoigawa-shi,Niigata
d:Hiroshi Akasaka
e:Hiroshi Akasaka

a:高山リゾートホテル
b:岐阜県高山市
d:坂井田将斉
e:エルファ・アーキテクト

a:TAKAYAMA RESORT HOTEL
b:Takayama-shi,Gifu
d:Masanari Sakaida
e:Elfa Architect Ltd.

a:高山リゾートホテル
a:TAKAYAMA RESORT HOTEL
b:Takayama-shi,Gifu
d:Masanari Sakaida
e:Elfa Architect Ltd.

a：奥入瀬渓流グランドホテル
b：青森県十和田市
c：清水建設/中条一級建築士事務所
d：村山友行
e：オズ・アトリエ

a：THE GRAND HOTEL, OIRASE-KEIRYU
b：Towada-shi, Aomori
c：Shimizu Corporation/Nakajyo & Associates
d：Tomoyuki Murayama
e：Ozu-Atelier Co., Ltd.

2.別荘/保養所

2. Second'House/Recreation Facilities

個人用
企業用
テラス・タイプ
パブリック・タイプ
リゾート・タイプ
クーア・タイプ……他

For Private

For Company Possession

Terrace House

Public

Resourt House

Coor House……**etc.**

a:別荘
b:神奈川県箱根
c:石原トータル
d:柳田恵美子
e:アトリエShe
●
a:VILLA BUILDING PLAN
b:Hakone,Kanagawa
c:Ishihara Total Planning Inc.
d:Emiko Yanagida
e:Atelier She

a:保養所計画案
b:静岡県菊川町
c:前林建築事務所
d:大崎俊広
e:パース工房Osaki
●
a:HEALTH HOUSE PLAN
b:Kikukawa-cho,Shizuoka
c:Maebayashi Architectural Office Co.,Ltd.
d:Toshihiro Osaki
e:Pers Kobo Osaki

a:別荘地計画案
b:山梨県韮崎市
c:増田千次郎建築事務所
d:大崎俊広
e:パース工房Osaki
●
a:DETACHED HOUSE PLANNING
b:Nirasaki-shi,Yamanashi
c:Masuda Senjiro Architectural Office
d:Toshihiro Osaki
e:Pers Kobo Osaki

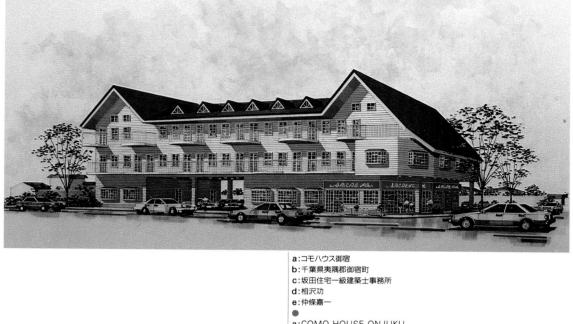

a:コモハウス御宿
b:千葉県夷隅郡御宿町
c:坂田住宅一級建築士事務所
d:相沢功
e:仲條嘉一
●
a:COMO HOUSE ONJUKU
b:Onjuku-machi,Isumi-gun,Chiba
c:Sakata Jutaku Associated Architects
d:Isao Aizawa
e:Yoshikazu Nakajo

a:セレステ箱根
b:神奈川県
c:リードデザインシステム
d:丹野晶子
e:丹野晶子
●
a:CELESTE HAKONE
b:Kanagawa
c:Reed Design System Co.,Ltd.
d:Akiko Tanno
e:Akiko Tanno

a:コモド熱海保養所
b:静岡県熱海市
c:荒木正彦設計事務所
d:白井秀夫
e:白井パースハウス
●
a:ATAMI HEALTH HOUSE
b:Atami-shi, Shizuoka
c:Araki Masahiko Architectural Office Co., Ltd.
d:Hideo Shirai
e:Shirai Peas House

a:STT蓼科別荘計画　　　a:STT TATESHINA VILLA PLAN
b:長野県蓼科　　　　　　b:Tateshina, Nagano
c:リック　　　　　　　　c:LIC Corporation
d:四十澤健文　　　　　　d:Takefumi Yosozawa
e:アートスタジオ画楽　　e:Art Studio Gallac

a:軽井沢テラスハウス
b:長野県軽井沢
c:協立建築設計事務所
d:協立建築設計事務所 デザイン室
e:協立建築設計事務所
●
a:KARUIZAWA TERRACE HOUSE
b:Karuizawa, Nagano
c:Kyoritsu Associates Architects & Engineers
d:Kyoritsu Design Room
e:Kyoritsu Associates Architects & Engineers

a:草津リゾートホテル
b:群馬県草津
c:協立建築設計事務所
d:協立建築設計事務所 デザイン室
e:協立建築設計事務所
●
a:KUSATSU RESORT HOTEL
b:Kusatsu, Gunma
c:Kyoritsu Associates Architects & Engineers
d:Kyoritsu Design Room
e:Kyoritsu Associates Architects & Engineers

a:湯布院保養所　　　　　a:YUFUIN HEALTH HOUSE
c:日本国土開発　　　　　c:JDC Corporation
d:四十澤健文　　　　　　d:Takefumi Yosozawa
e:アートスタジオ画楽　　e:Art Studio Gallac

a：〒セキハウジング保養所
b：愛媛県松山市
c：〒セキハウジング
d：古橋孝之
e：古橋孝之
●
a：ISEKI HOUSING'S COTTAGE
b：Matsuyama-shi, Ehime
c：Iseki Housing Co., Ltd.
d：Takayuki Furuhashi
e：Takayuki Furuhashi

a：豊田市民「山の家」
b：長野県
c：久米建築事務所
d：山田久仁夫
e：山田デザイン事務所
●
a：TOYOTA CIVIC YAMA NO IE (MOUNTAIN RETREAT)
b：Nagano
c：Kume Architects Engineers
d：Kunio Yamada
e：Yamada Design Office

a:リゾートマンション
d:譚少芝
e:譚少芝

●
a:RESORT APARTMENT HOUSE
d:Tan Shao zhi
e:Tan Shao zhi

a:ホーメスト保養所
b:神奈川県相模原市
c:殖産住宅相互
d:齋木美香子
e:殖産住宅相互パース工房
●
a:HOMEST HEALTH RESORT
b:Sagamihara-shi, Kanagawa
c:Shokusan Jutaku Sogo Co., Ltd.
d:Mikako Saiki
e:Shokusan Jutaku Sogo Co., Ltd., Pers Design Office

a:リゾートマンション計画
b:山梨県
c:大林組東京本社設計部
d:成瀬英揮
e:フクナガレンダリング
●
a:RESORT MANSION PROJECT
b:Yamanashi
c:Obayashi-gumi Corporation
d:Hideki Naruse
e:Fukunaga Renderings Co.,Ltd.

a:保養施設計画
b:栃木県
c:大林組東京本社設計部
d:窪田哲也
e:フクナガレンダリング
●
a:HEALTH HOUSE CONSTRUCTION PLAN
b:Tochigi
c:Obayashi-gumi Corporation
d:Tetsuya Kubota
e:Fukunaga Renderings Co.,Ltd.

a:三岳グリーンヒル
b:長野県木曽福島
c:G建築設計事務所
d:内山明子
e:殖産住宅相互パース工房
●
a:MITAKE GREEN HILL
b:Kisofukushima, Nagano
c:G Architectural Design Office
d:Akiko Uchiyama
e:Shokusan Jutaku Sogo Co., Ltd., Pers Design Office

a:シーアイ箱根仙石原
b:神奈川県箱根
c:竹中工務店
d:村山善次郎
e:村山善次郎
●
a:CI HAKONE SENGOKUBARA
b:Hakone,Kanagawa
c:Takenaka Corporation
d:Zenjiro Murayama
e:Zenjiro Murayama

a:保養所
b:石川県
c:日建設計
d:吉田冨士夫
e:吉田冨士夫
●
a:RESORT VILLA
b:Isikawa
c:Nikken Sekkei Ltd.
d:Fujio Yoshida
e:Fujio Yoshida

a:STT蓼科保養所計画
b:長野県蓼科
c:リック
d:四十澤健文
e:アートスタジオ画楽
●
a:STT TATESHINA RECUPERATION PLAN
b:Tateshina,Nagano
c:LIC Corporation
d:Takefumi Yosozawa
e:Art Studio Gallac

a:計画案
b:大阪府大阪市
c:乃村工藝社
d:三輪逸夫
e:アルド三輪建築設計事務所

a:PLAN
b:Osaka-shi,Osaka
c:Nomurakogei Co.,Ltd.
d:Itsuo Miwa
e:ARD Miwa Architectural Office

a:熱海保養所
b:静岡県熱海市
c:安井建築設計事務所
d:加藤春枝
e:ケイズ
●
a:ATAMI RECUPERATION CENTER
b:Atami-shi, Sizuoka
c:Yasui Architectural Office Co., Ltd.
d:Harue Kato
e:Keiz

a:露店風呂計画
c:都造園
d:村山友行
e:オズ・アトリエ
●
a:A HOT SPRING PLAN
c:Miyako Zoen Co., Ltd.
d:Tomoyuki Murayama
e:Ozu-Atelier Co., Ltd.

a：忍野リゾートマンション
b：山梨県忍野村
c：間組
d：赤坂孝史
e：アカサカレンダリング
●
a：OSHINO
b：Oshino-Mura, Yamanashi
c：Hazama-Gumi Ltd.
d：Takashi Akasaka
e：Akasaka Rendering

a:大和遊湯村
b:神奈川県大和市
c:M設計工房
d:村山友行/平岩光
e:オズ・アトリエ
●
a:YAMATO YU YU VILLAGE
b:Yamato-shi,Kanagawa
c:M Sekkei Kobo Co.,Ltd.
d:Tomoyuki Murayama/Hikari Hiraiwa
e:Ozu-Atelier Co.,Ltd.

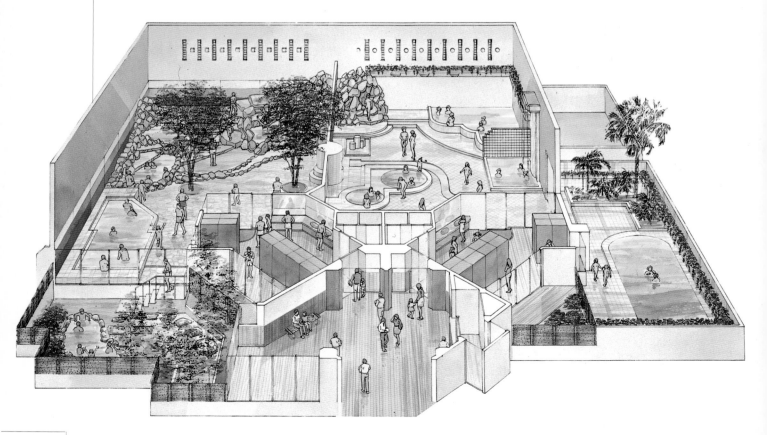

3. スポーツ&レジャー施設　3. Sport & Leisure Facilities

カントリークラブ
クラブハウス
都市型スポーツクラブ
総合運動場
フィットネスクラブ
遊技場
マリンレジャー施設
スキー場
野球場
サーキット……他

Golf Course

Club House

Urban Sport Club

Stadium

Fitness Club

Playground

Marine Sport Facility

Skiing Ground

Baseball Stadium

Motocross Circuit……etc.

a：Fカントリークラブ
b：千葉県船橋市
c：協立建築設計事務所
d：協立建築設計事務所 デザイン室
e：協立建築設計事務所
●
a：F COUNTRY CLUB
b：Funabashi-shi, Chiba
c：Kyoritsu Associates Architects & Engineers
d：Kyoritsu Design Room
e：Kyoritsu Associates Architects & Engineers

a：カレドニアンゴルフクラブ
c：内藤設計
d：四十澤健文
e：アートスタジオ画楽
●
a：CALEDNIAN GOLF CLUB
c：Naito Design Office Co., Ltd.
d：Takefumi Yosozawa
e：Art Studio Gallac

a：Fカントリークラブ
b：千葉県船橋市
c：協立建築設計事務所
d：協立建築設計事務所　デザイン室
e：協立建築設計事務所
●
a：F COUNTRY CLUB
b：Funabashi-shi,Chiba
c：Kyoritsu Associates Architects & Engineers
d：Kyoritsu Design Room
e：Kyoritsu Associates Architects & Engineers

a：C.ゴルフクラブハウス
b：北海道
c：大成建設札幌支店
d：高崎千鶴子
e：アーキサイト
●
a：C.GOLF CLUB HOUSE
b：Hokkaido
c：Taisei Corporation,Sapporo
d：Chizuko Takasaki
e：Archisight Co.,Ltd.

a:ザ・カントリークラブ グレンモア
b:千葉県栄町
c:梓設計
d:村山友行
e:オズ・アトリエ
●
a:THE COUNTRY CLUB,GLEN-MORE
b:Sakae-cho,Chiba
c:Azusa Sekkei Co.,Ltd.
d:Tomoyuki Murayama
e:Ozu-Atelier Co.,Ltd.

a:恵那峡パークゴルフクラブ
b:岐阜県
c:オオバ
d:山田久仁夫
e:山田デザイン事務所
●
a:ENAKYO PARK GOLF CLUB
b:Gifu
c:Ohba
d:Kunio Yamada
e:Yamada Design Office

a：ゴルフ場クラブハウス
c：熊谷組
d：大平善生
e：大平善生
●
a：GOLF LINKS CLUB HUOSE
c：Kumagai Gumi Co.，Ltd
d：Zensei Ohira
e：Zensei Ohira

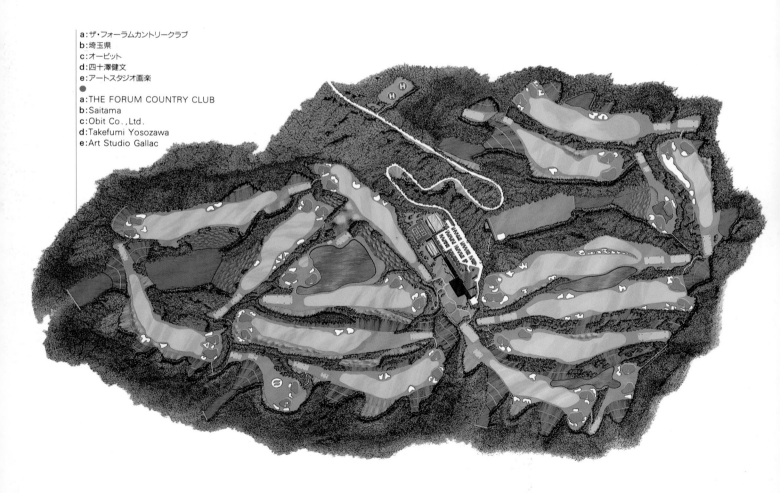

a:カントリークラブ
b:長野県軽井沢
c:アヅチ・プランニングスタジオ
d:安土実
e:安土実
●
a:COUNTRY CLUB
b:Karuizawa, Nagano
c:Azuchi Planning Studio
d:Minoru Azuchi
e:Minoru Azuchi

a:ザ・フォーラムカントリークラブ
b:埼玉県
c:オービット
d:四十澤健文
e:アートスタジオ画楽
●
a:THE FORUM COUNTRY CLUB
b:Saitama
c:Obit Co., Ltd.
d:Takefumi Yosozawa
e:Art Studio Gallac

a:Sカントリークラブ計画
c:日本国土開発
d:四十澤健文
e:アートスタジオ画楽
●
a:S COUNTRY CLUB PLAN
c:JDC Corporation
d:Takefumi Yosozawa
e:Art Studio Gallac

a:上武カントリークラブクラブハウス
b:群馬県多野郡
c:A&A
d:三輪逸夫
e:アルド三輪建築設計事務所
●
a:JOBU-COUNTRY CLUB-CLUB HOUSE
b:Tano-gun,Gunma
c:A&A Co.,Ltd.
d:Itsuo Miwa
e:ARD Miwa Architectural Office

a:上武カントリークラブクラブハウス
b:群馬県多野郡
c:A&A
d:三輪逸夫
e:アルド三輪建築設計事務所
●
a:JOBU-COUNTRY CLUB-CLUB HOUSE
b:Tano-gun,Gunma
c:A&A Co.,Ltd.
d:Itsuo Miwa
e:ARD Miwa Architectural Office

a:上武カントリークラブクラブハウス
b:群馬県多野郡
c:A&A
d:三輪逸夫
e:アルド三輪建築設計事務所
●
a:JOBU-COUNTRY CLUB-CLUB HOUSE
b:Tano-gun,Gunma
c:A&A Co.,Ltd.
d:Itsuo Miwa
e:ARD Miwa Architectural Office

a：恵庭カントリークラブ クラブハウス　　a：ENIWA COUNTRY CLUB, CLUBHOUSE
b：北海道恵庭市　　b：Eniwa-shi, Hokkaido
c：鹿島建設建築設計本部 VIC　　c：Kajima Corporation, Architectural Design Division VIC
e：鹿島建設　　e：Kajima Corporation

a:鬼ノ城ゴルフ倶楽部クラブハウス
b:岡山県総社市
c:空間研究所/隈研吾
d:箕箸重郎
e:フクナガレンダリング
●
a:KINOJO GOLF CLUB CLUB HOUSE
b:Sojya-shi,Okayama
c:Spatial Design Studio/Kengo Kuma
d:Juro Mihashi
e:Fukunaga Renderings Co.,Ltd.

a:マンギラオ ゴルフクラブ クラブハウス
b:グアム
c:アトリエ'88
d:福永文昭
e:フクナガレンダリング
●
a:MANGILAO GOLF CLUB,CLUB HOUSE
b:Mangilao,Guam
c:Atelier'88
d:Fumiaki Fukunaga
e:Fukunaga Renderings Co.,Ltd.

a：ザ・サイプレス・ゴルフクラブ　　a：THE CYPRESS GOLF CLUB
b：兵庫県氷上郡　　　　　　　　　b：Hikami-gun, Hyogo
c：日建設計　　　　　　　　　　　c：Nikken Sekkei Ltd.
d：芳谷勝濔　　　　　　　　　　　d：Katsumi Yoshitani
e：日建設計　　　　　　　　　　　e：Nikken Sekkei Ltd.

'89 K.YOSHITANI

a:Aゴルフ場クラブハウス計画
b:栃木県
c:竹中工務店
d:松浦眞己
e:竹中工務店
●
a:A GOLF CLUB CLUBHOUSE PROJECT
b:Tochigi
c:Takenaka Corporation
d:Masami Matsuura
e:Takenaka Corporation

a:Kカントリークラブハウス計画
b:山梨県
c:竹中工務店
d:松浦眞己
e:竹中工務店
●
a:K COUNTRY CLUB HOUSE PLAN
b:Yamanashi
c:Takenaka Corporation
d:Masami Matsuura
e:Takenaka Corporation

a:アービル
b:神奈川県保土ケ谷市
c:エム・ディー
d:加藤春枝
e:ケイズ
●
a:URBILL
b:Hodogaya-shi,Kanagawa
c:M.D.Co.
d:Harue Kato
e:Keiz

a:スポーツスクェア新松戸計画案
b:千葉県松戸市
c:構想建築設計研究所
d:四十澤健文
e:アートスタジオ画楽
●
a:SPORTS SQUARE SHIN-MATSUDO PLAN
b:Matsudo-shi,Chiba
c:Koso Architectural Laboratory Co.,Ltd.
d:Takefumi Yosozawa
e:Art Studio Gallac

a:上六スポーツクラブ
b:大阪府大阪市
c:赤松菅野建築設計事務所
d:三輪逸夫
e:アルド三輪建築設計事務所
●
a:UEROKU-SPORTS CLUB
b:Osaka-shi,Osaka
c:Akamatsu Sugano Architectural Office Co.,Ltd.
d:Itsuo Miwa
e:ARD Miwa Architectural Office

a:ティップネス・ナニワ
b:大阪府浪速市
c:安井建築設計事務所
d:加藤春枝
e:ケイズ
●
a:TIPNESS NANIWA
b:Naniwa-shi,Osaka
c:Yasui Architectural Office Co.,Ltd.
d:Harue Kato
e:Keiz

a:草薙総合運動場テニス管理棟
b:静岡県清水市
c:ナカノ工房一級建築士事務所
d:大崎俊広
e:パース工房Osaki

a:KUSANAGI PLAYGRAUND TENNIS CLUB
b:Shimizu-shi,Shizuoka
c:Nakano Kobo Architects Office Co.,Ltd.
d:Toshihiro Osaki
e:Pers Kobo Osaki

a:ティップネス吉祥寺
b:東京都武蔵野市
c:安井建築設計事務所
d:加藤春枝
e:ケイズ
●
a:TIPNESS KICHIJYOJI
b:Musashino-shi,Tokyo
c:Yasui Architectural Office Co.,Ltd.
d:Harue Kato
e:Keiz

a:総合レジャープロジェクト
d:パーススタジオ/川原まり子
e:川原まり子
●
a:OVERALL LEISURE PROJECT
d:Pers Studio Co.,Ltd./Mariko Kawahara
e:Mariko Kawahara

a:レジャーゾーン計画
b:北海道
c:都市デザイン
d:井出野芳枝
e:井出野芳枝
●
a:LEISURE ZONE PLAN
b:Hokkaido
c:Urban Design Office Co., Ltd.
d:Yoshie Ideno
e:Yoshie Ideno

a：ハイテクパークとエネルギー基地
b：神奈川県川崎市
c：アーバンデザインコンサルタンツ
d：田中英介/大崎由岐
e：デン・コーポレーション

●

a：HIGH-TECHNOLOGY DARE & ENERGY BASE
b：Kawasaki-shi, Kanagawa
c：Urban Design Consultants Co., Ltd.
d：Eisuke Tanaka/Yuki-Osaki
e：Den.Corporation

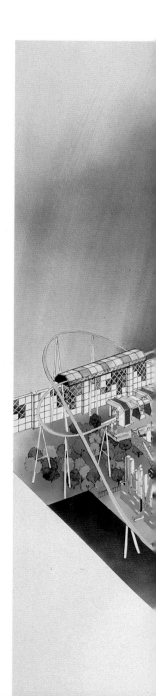

a:ファンタジードームとまこまい
b:北海道苫小牧市
c:ゆーむ
d:宮村幹子
e:宮村幹子
●
a:FANTASY DOME TOMAKOMAI
b:Tomakomai-shi, Hokkaido
c:Yu-Mu Co., Ltd.
d:Mikiko Miyamura
e:Mikiko Miyamura

a:Sリゾート開発
c:鹿島建設建築設計本部 VIC
e:鹿島建設
●
a:S RESORT DEVELOPMENT
c:Kajima Corporation, Architectural Design Division VIC
e:Kajima Corporation

a:近鉄プライムリゾート賢島
b:三重県
c:鹿島建設建築設計本部 VIC
e:鹿島建設

●
a:KINTETSU PRIME RESORT KASHIKOJIMA
b:Mie
c:Kajima Corporation,Architectural Design Division VIC
e:Kajima Corporation

a:チッタナポリ鳥瞰図
b:愛知県
c:三井建設
d:阿部雅治
e:アベ・レンダリング
●
a:CHITTA NAPOLI
b:Aichi
c:Mitsui Construction Co.,Ltd.
d:Masaharu Abe
e:Abe Rendering

a:シンフォニーパーク
c:進士竜一
d:進士竜一
e:進士竜一
●
a:SYMPHONY PARK
c:Ryuichi Shinji
d:Ryuichi Shinji
e:Ryuichi Shinji

a:出雲もくもくドーム
b:島根県
c:鹿島建設建築設計本部 VIC
e:鹿島建設
●
a:IZUMO MOKUMOKU DOME
b:Shimane
c:Kajima Corporation,Architectural Design Division VIC
e:Kajima Corporation

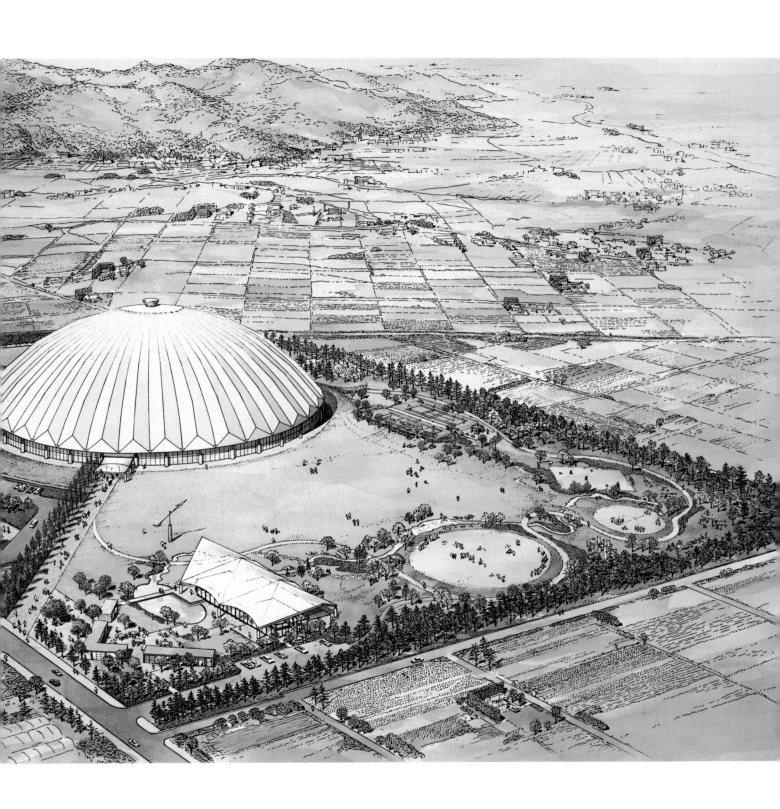

a:スキー・リゾート商店街計画案
b:新潟県妙高高原町
c:川名都市建築設計事務所/譚少芝
d:譚少芝
e:譚少芝
●
a:SCHEME OF SHOPPING TOWN IN SKI RESORT
b:Myokokogen-machi,Niigata
c:Kawana Architectural Design Co.,Ltd./Tan Shao zhi
d:Tan Shao zhi
e:Tan Shao zhi

a:K.S.ホワイト ヒル アイランド
c:佐伯計画設計事務所
d:大平善生
e:大平善生
●
a:K.S.HITE HILL ISLAND
c:Saeki Architects & Planners
d:Zensei Ohira
e:Zensei Ohira

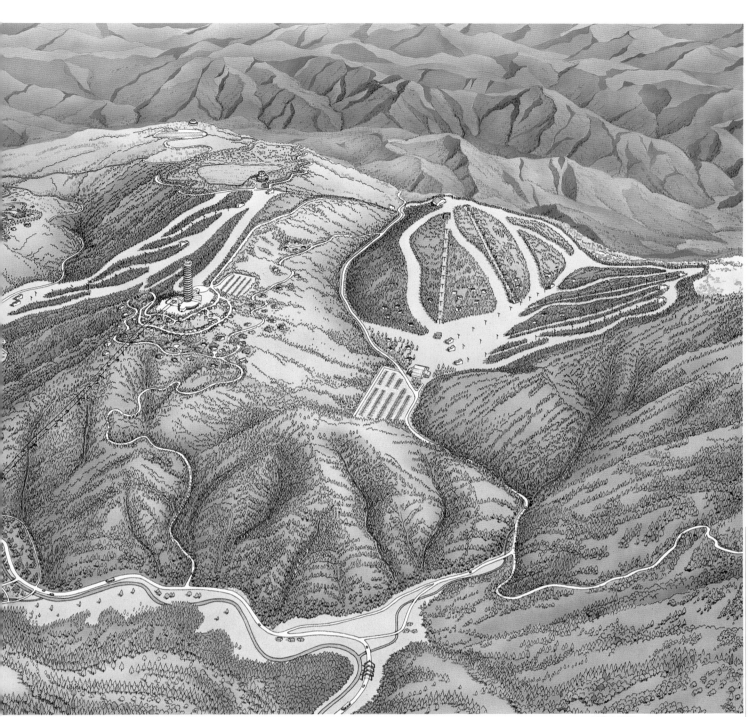

a：リゾート開発
c：浅井謙建築研究所
d：吉田冨士夫
e：吉田冨士夫
●
a：RESORT DEVELOPMENT PROJECT
c：Ken Asai Architectural Research Inc.
d：Fujio Yoshida
e：Fujio Yoshida

a:リゾート計画
c:オークエンジニアーズ
d:松浦浩一/小林未浩
e:オズ・アトリエ
●
a:ONE RESORT PROJECT
c:Oak Engineers Co.
d:Koichi Matsuura/Mihiro Kobayashi
e:Ozu-Atelier Co.,Ltd.

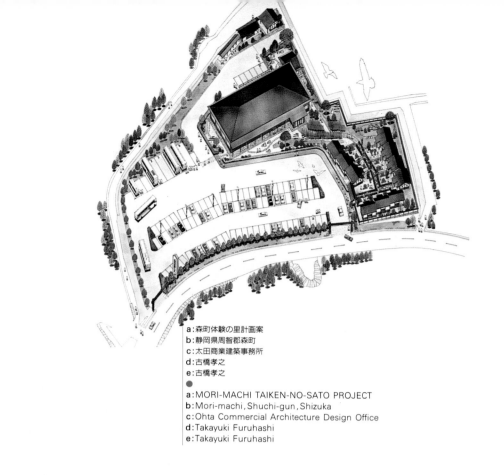

a:森町体験の里計画案
b:静岡県周智郡森町
c:太田商業建築事務所
d:古橋孝之
e:古橋孝之
●
a:MORI-MACHI TAIKEN-NO-SATO PROJECT
b:Mori-machi,Shuchi-gun,Shizuka
c:Ohta Commercial Architecture Design Office
d:Takayuki Furuhashi
e:Takayuki Furuhashi

a:モトクロスレース場計画案
b:静岡県掛川市
c:太田商業建築事務所
d:古橋孝之
e:古橋孝之
●
a:MOTOR CROSS RACE TRACK-PROJECT
b:Kakegawa-shi,Shizuoka
c:Ohta Commercial Architecture Design Office
d:Takayuki Furuhashi
e:Takayuki Furuhashi

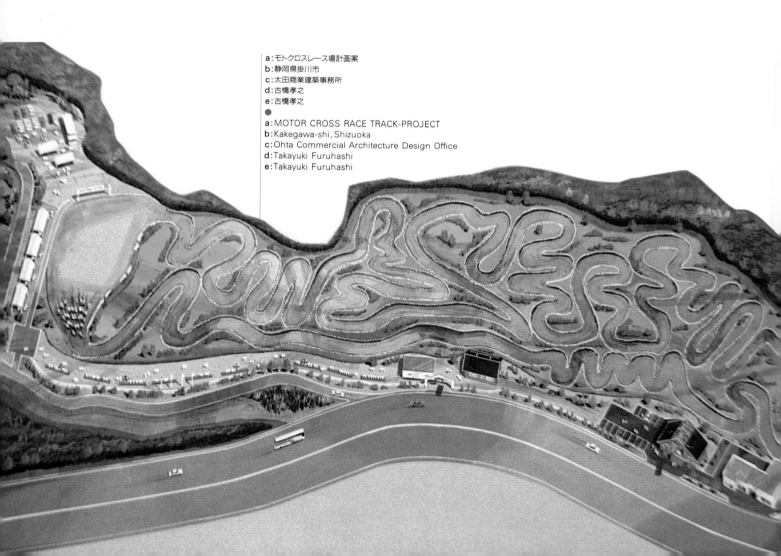

a:子供会キャンプ場
b:愛知県
c:佐藤総合計画
d:寺川昌子
e:寺川昌子

●
a:CAMP SITE OF CHILDREN
b:Aichi
c:AXS Sato Inc.
d:Masako Terakawa
e:Masako Terakawa

a：ザイラーバレースキー場レストラン棟
b：長野県
c：西武建設
d：村山友行/宮本百合子
e：オズ・アトリエ
●
a：ZAIRER VALLEY SKI GELANDE,
RESTAURANT HOUSE
b：Nagano
c：Seibu Corporation
d：Tomoyuki Murayama/Yuriko Miyamoto
e：Ozu-Atelier Co.,Ltd.

a：子供会キャンプ場ロッジ
b：愛知県
c：佐藤総合計画
d：寺川昌子
e：寺川昌子
●
a：CAMP SITE OF CHILDREN
b：Aichi
c：AXS Sato Inc.
d：Masako Terakawa
e：Masako Terakawa

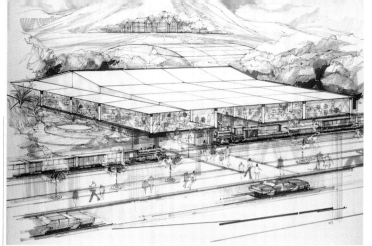

a:自然食レストランライト
b:静岡県熱海市
c:テツ・クリエイティブ
d:安土実
e:安土実
●
a:NATURAL RESTAURANT LIGHT
b:Atami-shi,Shizuoka
c:Tetsu Creative
d:Minoru Azuchi
e:Minoru Azuchi

a:アポロコーストドームとクラブハウス
b:千葉県
c:京浜テント製作所
d:笠原征人
e:笠原征人
●
a:APOLLO COAST DOME & CLUB HOUSE
b:Chiba
c:Keihin Tent Co.,Ltd.
d:Masato Kasahara
e:Masato Kasahara

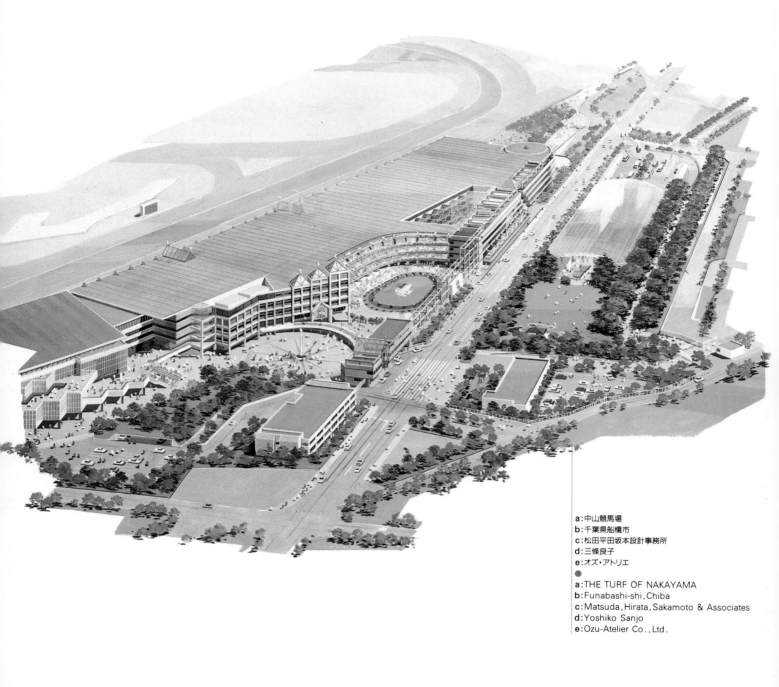

a:中山競馬場
b:千葉県船橋市
c:松田平田坂本設計事務所
d:三條良子
e:オズ・アトリエ
●
a:THE TURF OF NAKAYAMA
b:Funabashi-shi,Chiba
c:Matsuda,Hirata,Sakamoto & Associates
d:Yoshiko Sanjo
e:Ozu-Atelier Co.,Ltd.

4. 諸施設

4. Other Facilities

市民会館
児童会館
文化会館
各種レストラン
各種ショッピングゾーン
レジャードーム
駅前レジャービル開発
ホール……他

City Hall

Kid's Hall

Culture Hall

Restaurant

Shopping Zone

Event Dome

Station Building

Hall……etc.

a：Y町民会館
b：大分県
c：東九州設計工務
d：四十澤健文
e：アートスタジオ画楽
●
a：Y TOWNSPEOPLE'S HALL
b：Oita
c：Higashi-Kyushu Design Office Co., Ltd.
d：Takefumi Yosozawa
e：Art Studio Gallac

a:U市民会館
b:大分県
c:東九州設計工務
d:四十澤健文
e:アートスタジオ画楽
●
a:U TOWNSPEOPLE'S HALL
b:Ohita
c:Higashi-Kyushu Design Office Co.,Ltd.
d:Takefumi Yosozawa
e:Art Studio Gallac

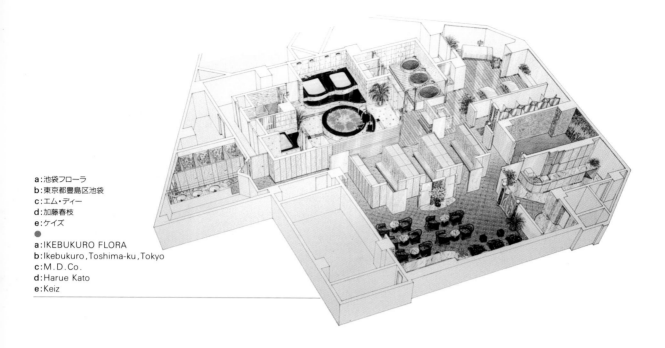

a: 池袋フローラ
b: 東京都豊島区池袋
c: エム・ディー
d: 加藤春枝
e: ケイズ
●
a: IKEBUKURO FLORA
b: Ikebukuro, Toshima-ku, Tokyo
c: M.D.Co.
d: Harue Kato
e: Keiz

a: レストラン フェリーチェ
b: 長野県軽井沢
c: アヅチ・プランニングスタジオ
d: 安土実
e: 安土実
●
a: RESTURANT FELICE
b: Karuizawa, Nagano
c: Azuchi Planning Studio
d: Minoru Azuchi
e: Minoru Azuchi

a:ホテルのイタリアレストラン
b:静岡県
c:イセキ/譚少芝
d:譚少芝
e:譚少芝

a:ITALIAN RESTAURANT IN HOTEL
b:Shizuoka
c:Iseki Co.,Ltd./Tan Shao zhi
d:Tan Shao zhi
e:Tan Shao zhi

a:レストラン マティス
b:北海道
c:和田裕設計室
d:安土実
e:安土実
●
a:RESTAURANT MATISU
b:Hokkaido
c:Wada Design Studio
d:Minoru Azuchi
e:Minoru Azuchi

a:レストラン フォモサ
b:静岡県熱海市
c:テツ・クリエイティブ
d:安土実
e:安土実
●
a:RESTAURANT FORMOSE
b:Atami-shi,Shizuoka
c:Tetsu Creative
d:Minoru Azuchi
e:Minoru Azuchi

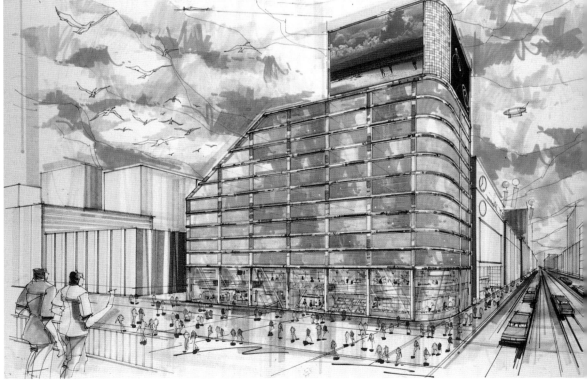

a：ショップ＆レジャーゾーン シーン
b：東京都
c：アヅチ・プランニングスタジオ
d：安土実
e：安土実
●
a：SHOPPING & LEISURE ZONE-SEEN
b：Tokyo
c：Azuchi Planning Studio
d：Minoru Azuchi
e：Minoru Azuchi

a：ショップ＆レジャーゾーン セイント
b：東京都新宿区
c：アヅチ・プランニングスタジオ
d：安土実
e：安土実
●
a：SHOPPING & LEISURE ZONE-SAINT
b：Shinjuku-ku , Tokyo
c：Azuchi Planning Studio
d：Minoru Azuchi
e：Minoru Azuchi

a:レインボードーム
c:鹿島建設建築設計本部 VIC
e:鹿島建設

a:RAINBOW DOME
c:Kajima Corporation,Architectural Design Division VIC
e:Kajima Corporation

a:レインボードーム
c:鹿島建設建築設計本部 VIC
e:鹿島建設

a:RAINBOW DOME
c:Kajima Corporation,Architectural Design Division VIC
e:Kajima Corporation

a:クリスタルタワー
b:大阪府大阪市
c:竹中工務店
d:冨田充治
e:イシダ建築デザイン デザイン部
●
a:CRYSTAL TOWER
b:Osaka-shi,Osaka
c:Takenaka Corporation
d:Mituji Tomita
e:Ishida Architectural Design Office Co.,Design Section

a:御茶の水駅再開発計画案
b:東京都千代田区
c:安藤建設 設計部
d:坂根元
e:イシダ建築デザイン デザイン部
●
a:OCHANOMIZU STATION PROJECT
b:Chiyoda-ku,Tokyo
c:Ando Construction Co.,Ltd.
d:Hajime Sakane
e:Ishida Architectural Design Office Co.,Design Section

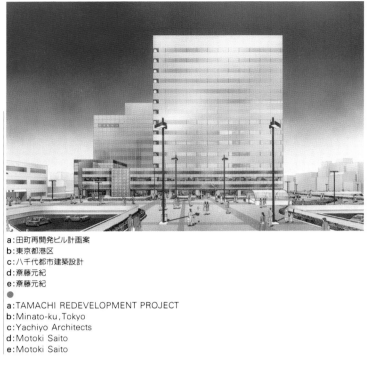

a：田町再開発ビル計画案
b：東京都港区
c：八千代都市建築設計
d：斎藤元紀
e：斎藤元紀
●
a：TAMACHI REDEVELOPMENT PROJECT
b：Minato-ku,Tokyo
c：Yachiyo Architects
d：Motoki Saito
e：Motoki Saito

a：会館計画
c：ユーディーエー
d：赤坂孝史
e：アカサカレンダリング
●
a：HALL BUILDING PLAN
c：UDA
d：Takashi Akasaka
e：Akasaka Rendering

a:堀東急ビル
b:大阪府茨木市
c:東急設計コンサルタント
d:森山雅彦
e:森山雅彦
●
a:HORI TOKYU BUILDING
b:Ibaraki-shi,Osaka
c:Tokyu Design Consultant Co.,Ltd.
d:Masahiko Moriyama
e:Masahiko Moriyama

a:ぐんまこどもの国児童会館
b:群馬県太田市
c:群馬県建築設計センター
d:諏訪利弘＋スワデザイン
e:スワデザイン
●
a:CHILDREN'S HALL
b:Ota-shi,Gunma
c:Architectural Design Center,Gunma
d:Toshihiro Suwa＋Suwa Design
e:Suwa Design

a：ア・レスト・軽井沢
b：長野県軽井沢
c：UP企画
d：諏訪利弘＋スワデザイン
e：スワデザイン
●
a：A REST KARUIZAWA
b：Karuizawa, Nagano
c：UP Kikaku Co., Ltd.
d：Toshihiro Suwa＋Suwa Design
e：Suwa Design

a:エアドーム利用計画
d:井出野芳枝
e:井出野芳枝
●
a:AIR DOME PLAN
d:Yoshie Ideno
e:Yoshie Ideno

a:ショッピングランド センサー コンプレックス
b:東京都新宿区
c:アヅチ・プランニングスタジオ
d:安土実
e:安土実
●
a:SENSOR CONPLEX
b:Sinjuku-ku,Tokyo
c:Azuchi Planning Studio
d:Minoru Azuchi
e:Minoru Azuchi

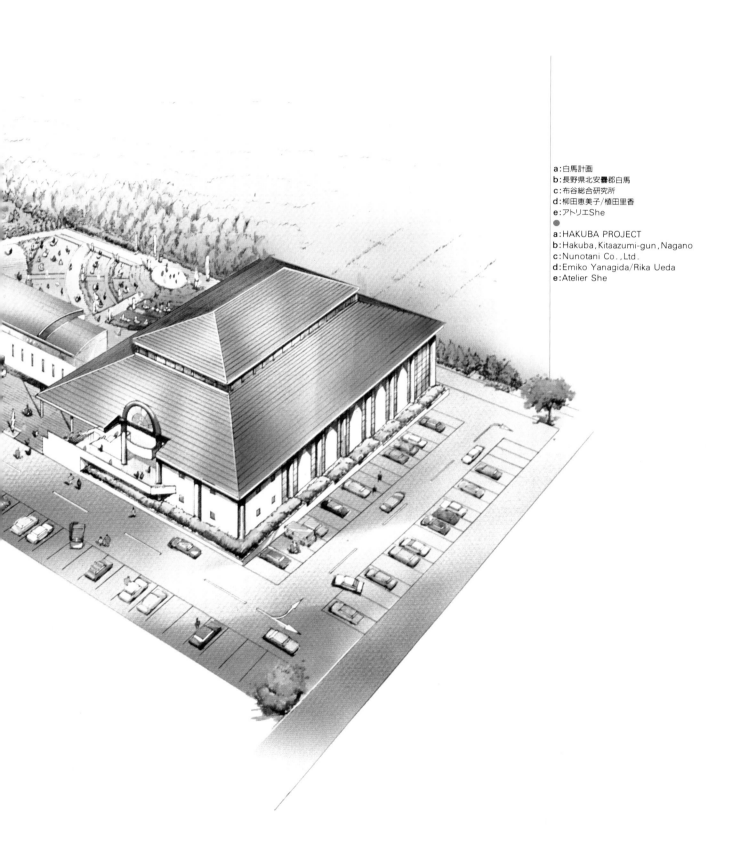

a：白馬計画
b：長野県北安曇郡白馬
c：布谷総合研究所
d：柳田恵美子／植田里香
e：アトリエShe
●
a：HAKUBA PROJECT
b：Hakuba, Kitaazumi-gun, Nagano
c：Nunotani Co., Ltd.
d：Emiko Yanagida/Rika Ueda
e：Atelier She

a：神戸ハーバーランドB区画ビル計画　　a：KOBE HARBORLAND B-ZONE PROJECT
b：兵庫県神戸市　　　　　　　　　　　b：Kobe-shi, Hyogo
c：竹中工務店　　　　　　　　　　　　c：Takenaka Corporation

a:スタジオ108関大前
b:大阪府大阪市
c:アステック
d:三輪逸夫
e:アルド三輪建築設計事務所
●
a:STUDIO 108
b:Osaka-shi, Osaka
c:Astec Co., Ltd.
d:Itsuo Miwa
e:ARD Miwa Architectural Office

a:松下IMPビル
b:大阪府大阪市
c:日建設計
d:福岡俊雄＋河原崎由夫
e:日建設計
●
a:MATSUSHITA IMP BUILDING
b:Osaka-shi, Osaka
c:Nikken Sekkei Ltd.
d:Toshio Fukuoka＋Yoshio Kawarazaki
e:Nikken Sekkei Ltd.

a:ニュージャパン
b:大阪府大阪市
c:今西建築デザインルーム
d:三輪逸夫
e:アルド三輪建築設計事務所
●
a:NEW JAPAN
b:Osaka-shi,Osaka
c:Imanishi Architectural Office
d:Itsuo Miwa
e:ARD Miwa Architectural Office

a:ニュージャパン
b:大阪府大阪市
c:今西建築デザインルーム
d:三輪逸夫
e:アルド三輪建築設計事務所
●
a:NEW JAPAN
b:Osaka-shi,Osaka
c:Imanishi Architectural Office
d:Itsuo Miwa
e:ARD Miwa Architectural Office

a：スナック（フローレンスの街）
b：愛媛県松山市
c：川名都市建築設計事務所/譚少芝
d：譚少芝
e：譚少芝
●
a：SNACK BAR
b：Matsuyama-shi, Ehime
c：Kawana Architectural Design Co., Ltd./Tan Shao zhi
d：Tan Shao zhi
e：Tan Shao zhi

a：カナダスタイルバー
b：愛媛県松山市
c：川名都市建築設計事務所/譚少芝
d：譚少芝
e：譚少芝
●
a：CANADIAN BAR
b：Matsuyama shi, Ehime
c：Kawana Architectural Design Co., Ltd./Tan Shao zhi
d：Tan Shao zhi
e：Tan Shao zhi

a:江戸風居酒屋
b:愛媛県松山市
c:川名都市建築設計事務所/譚少芝
d:譚少芝
e:譚少芝
●
a:PUB LOOKING LIKE EDO TOKYO
b:Matsuyama-shi, Ehime
c:Kawana Architectural Design Co., Ltd./Tan Shao zhi
d:Tan Shao zhi
e:Tan Shao zhi

a:OLD RIVER 25
b:愛媛県松山市
c:川名都市建築設計事務所
d:譚少芝
e:譚少芝
●
a:OLD RIVER 25
b:Matsuyama-shi, Ehime
c:Kawana Architectural Design Co., Ltd.
d:Tan Shao zhi
e:Tan Shao zhi

a:ニューヨークスタイルバー
b:愛媛県松山市
c:川名都市建築設計事務所/譚少芝
d:譚少芝
e:譚少芝
●
a:NEW YORK STYLE BAR
b:Matsuyama-shi,Ehime
c:Kawana Architectural Design Co.,Ltd./Tan Shao zhi
d:Tan Shao zhi
e:Tan Shao zhi

a:スペイン風スナック
b:愛媛県松山市
c:川名都市建築設計事務所/譚少芝
d:譚少芝
e:譚少芝
●
a:SPANISH SNACK BAR
b:Matsuyama-shi,Ehime
c:Kawana Architectural Design Co.,Ltd./Tan Shao zhi
d:Tan Shao zhi
e:Tan Shao zhi

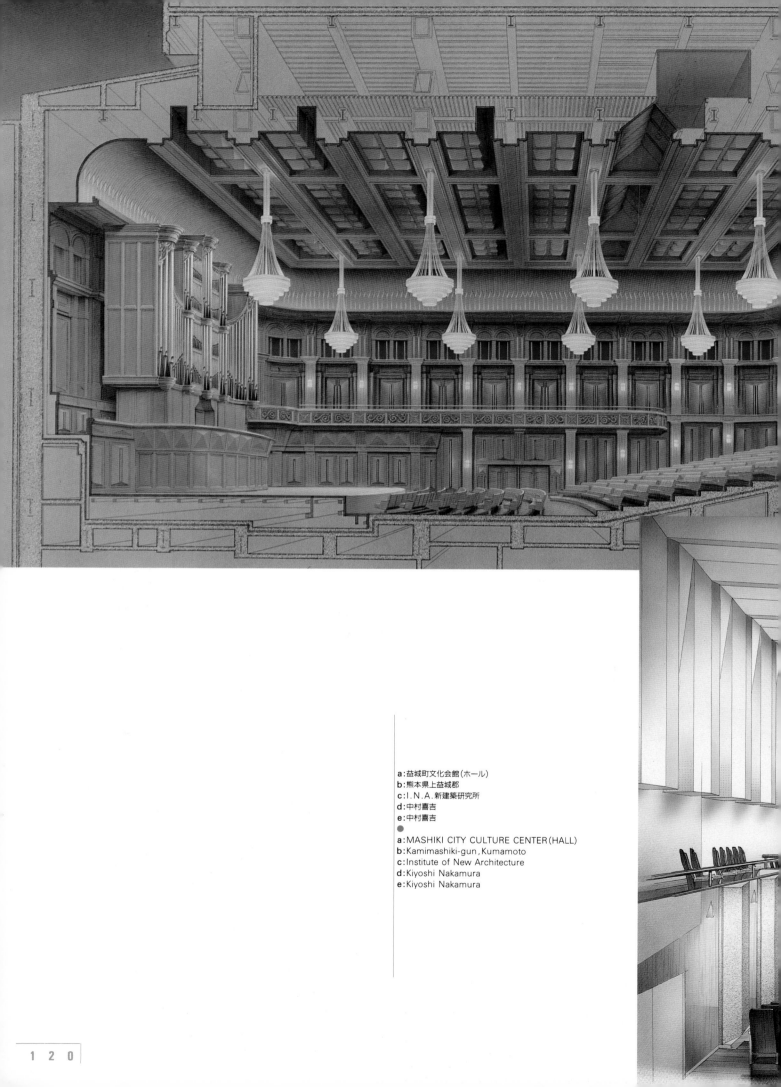

a：益城町文化会館（ホール）
b：熊本県上益城郡
c：I.N.A.新建築研究所
d：中村喜吉
e：中村喜吉
●
a：MASHIKI CITY CULTURE CENTER（HALL）
b：Kamimashiki-gun,Kumamoto
c：Institute of New Architecture
d：Kiyoshi Nakamura
e：Kiyoshi Nakamura

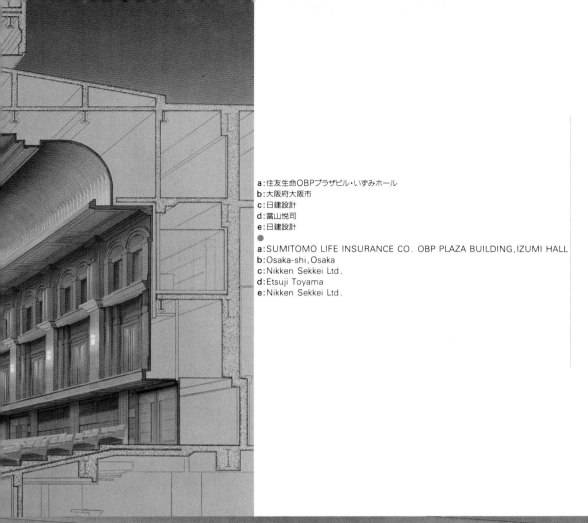

a：住友生命OBPプラザビル・いずみホール
b：大阪府大阪市
c：日建設計
d：當山悦司
e：日建設計
●
a：SUMITOMO LIFE INSURANCE CO．OBP PLAZA BUILDING，IZUMI HALL
b：Osaka-shi，Osaka
c：Nikken Sekkei Ltd．
d：Etsuji Toyama
e：Nikken Sekkei Ltd．

a:目黒雅叙園
b:東京都目黒区
c:日建設計
d:土屋輝男
e:日建設計
●
a:GAJOEN PROJECT
b:Meguro-ku,Tokyo
c:Nikken Sekkei Ltd.
d:Teruo Tsuchiya
e:Nikken Sekkei Ltd.

a:津田ホール
b:東京都渋谷区
c:槇文彦＋槇総合計画事務所
d:白井秀夫
e:白井パースハウス
●
a:TSUDA HALL
b:Shibuya-ku,Tokyo
c:Fumihiko Maki and Associates
d:Hideo Shirai
e:Shirai Peas House

a:パーラーラッキー
b:福岡県北九州市
c:河野建築設計事務所
d:坂井田優実
e:エルファ・アーキテクト
●
a:PARLOR LUCKY
b:Kitakyushyu-shi,Fukuoka
c:Kono Architectural Office
d:Yumi Sakaida
e:Elfa Architect Ltd.

a:レストランM　　　　　　　　　a:RESTAURANT M
b:オーストラリア　　　　　　　　b:Australia
c:協立建築設計事務所　　　　　　c:Kyoritsu Associates Architects & Engineers
d:協立建築設計事務所 デザイン室　d:Kyoritsu Design Room
e:協立建築設計事務所　　　　　　e:Kyoritsu Associates Architects & Engineers

a:チャーリーブラウン豊中店　　　a:CHARLY BLOWN IN TOYONAKA
b:大阪府豊中市　　　　　　　　　b:Toyonaka-shi, Osaka
c:アルド三輪建築設計事務所　　　c:ARD Miwa Architectural Office
d:三輪逸夫　　　　　　　　　　　d:Itsuo Miwa
e:アルド三輪建築設計事務所　　　e:ARD Miwa Architectural Office

a:NAVI306
b:兵庫県西宮市
c:松本勇治建築設計事務所
d:三輪逸夫
e:アルド三輪建築設計事務所

a:NAVI306
b:Nishinomiya-shi,Hyogo
c:Yuji Matsumoto Architect & Associates
d:Itsuo Miwa
e:ARD Miwa Architectural Office

a:レジャービル計画
b:大阪府大阪市
c:アルド三輪建築設計事務所
d:三輪逸夫
e:アルド三輪建築設計事務所

a:LEISURE BUILDING PROJECT
b:Osaka-shi,Osaka
c:ARD Miwa Architectural Office
d:Itsuo Miwa
e:ARD Miwa Architectural Office

a:中央区西心斎橋土地信託事業
b:大阪府大阪市
c:環境開発研究所
d:絹田貞子
e:竹中工務店
●
a:N PROJECT
b:Osaka-shi,Osaka
c:Environmental Development Reserch Inc.
d:Sadako Kinuta
e:Takenaka Corporation

a：NUCBA COMMUNITY PAVILION
b：愛知県
c：竹中工務店
d：竹中工務店/坂本牧
e：竹中工務店
●
a：NUCBA COMMUNITY PAVILION
b：Aichi
c：Takenaka Corporation
d：Takenaka Corporation/Maki Sakamoto
e：Takenaka Corporation

a：M開発計画
b：愛知県
c：竹中工務店
d：竹中工務店/河崎泰了
e：竹中工務店
●
a：M-PROJECT
b：Aichi
c：Takenaka Corporation
d：Takenaka Corporation/Yasunori Kawasaki
e：Takenaka Corporation

a：吟松亭あわしま
b：群馬県利根郡
c：石井設計
d：諏訪利弘
e：スワデザイン
●
a：GINSHO-TEI AWASHIMA
b：Tone-gun,Gunma
c：Ishii Sekkei
d：Toshihiro Suwa
e：Suwa Design

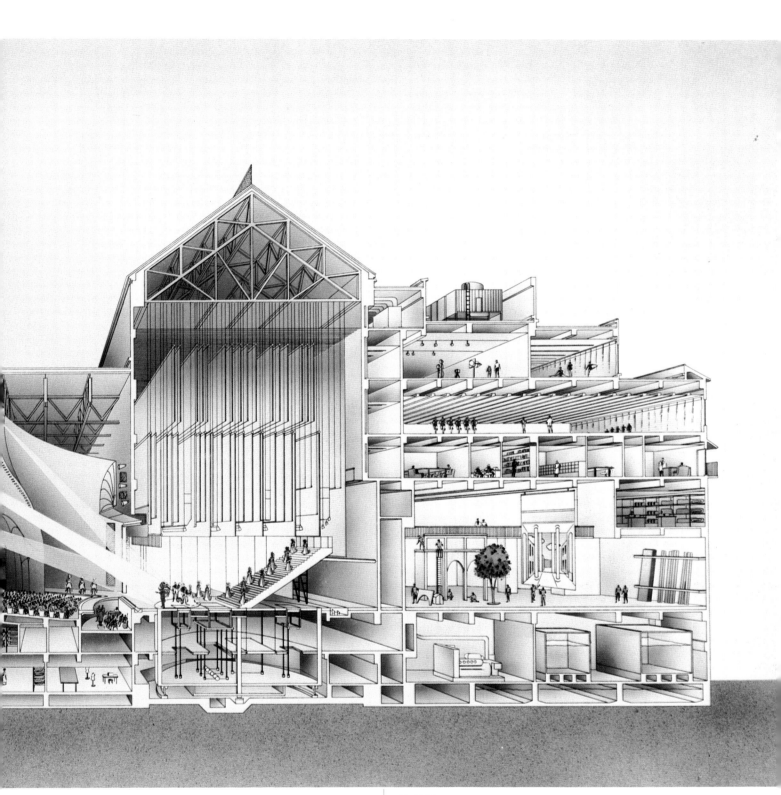

a:堺第7-3区 オランダ風車
b:大阪府大阪市
c:竹中工務店
d:林佐知子
e:竹中工務店
●
a:WINDMILL(SAKAI)
b:Osaka-shi,Osaka
c:Takenaka Corporation
d:Sachiko Hayashi
e:Takenaka Corporation

a:花の万博インナートリップ館計画
b:大阪府大阪市
c:竹中工務店
d:中山智香子
e:竹中工務店
●
a:THE INTERNATIONAL GARDEN AND GREENERY EXPO'90 INNER TRIP PAVILION PROJECT
b:Osaka-shi,Osaka
c:Takenaka Corporation
d:Chikako Nakayama
e:Takenaka Corporation

a:花の万博インナートリップ館計画
b:大阪府大阪市
c:竹中工務店
d:中山智香子
e:竹中工務店
●
a:THE INTERNATIONAL GARDEN AND GREENERY EXPO'90 INNER TRIP PAVILION PROJECT
b:Osaka-shi,Osaka
c:Takenaka Corporation
d:Chikako Nakayama
e:Takenaka Corporation

a：北海道立北方民族博物館
b：北海道網走市
c：岩見田建築設計事務所
d：AZプロジェクト/中鉢幸子
e：AZプロジェクト
●
a：THE NORTHERN ETHNIC MUSEUM OF HOKKAIDO
b：Abashiri-shi, Hokkaido
c：Iwamida Architectural Design Office Inc.
d：AZ Project/Sachiko Chubachi
e：AZ Project

a:五十崎タコ博物館
b:愛媛県喜多郡五十崎町
c:早川正夫建築設計事務所
d:川嶋俊介
e:川嶋俊介
●
a:IKAZAKI KITE MUSEUM
b:Ikazaki-cho,Kita-gun,Ehime
c:Masao Hayakawa Architects Office
d:Shunsuke Kawashima
e:Shunsuke Kawashima

a：高知市自由民権記念館
b：高知県高知市
c：日建設計
d：福岡俊雄
e：日建設計
●
a：KOCHI MUNICIPAL DEMOCRATIC MOVEMENT MEMORIAL MUSOUM
b：Kochi-shi,Kochi
c：Nikken Sekkei Ltd.
d：Toshio Fukuoka
e：Nikken Sekkei Ltd.

a:栗東歴史民俗博物館　　　　　a:RITTO HISTORY CUSTOMS MUSEUM
b:滋賀県栗東町　　　　　　　　b:Ritto-cho, Siga
c:富家建築事務所　　　　　　　c:Tomiie Architectural Office Co., Ltd.
d:浅田能生/久田茂　　　　　　d:Yoshio Asada/Sigeru Hisada
e:イシダ建築デザイン デザイン部　e:Ishida Architectural Design Office Co., Design Section

a：トヨタ自動車博物館
b：愛知県名古屋市
c：日建設計
d：松永茂
e：日建設計
●
a：TOYOTA AUTOMOBIL MUSEUM
b：Nagoya-shi, Aichi
c：Nikken Sekkei Ltd.
d：Shigeru Matsunaga
e：Nikken Sekkei Ltd.

a：アジア太平洋博覧会 よかトピア オアシス
b：福岡県福岡市
c：竹中工務店九州支店
d：中岡晶子
e：竹中工務店

●

a：ASIA PACIFIC EXPOSITION, YOKATOPIA OASIS
b：Fukuoka-shi, Fukuoka
c：Takenaka Corporation
d：Akiko Nakaoka
e：Takenaka Corporation

5. 索引

5. Index

建築物名称
設計事務所
パース作画者
出品者
応募代表者

◐

Project Title
Planning Office
Renderer
Applicant
Representative of Applicant

建築物名称	Project Title

設 計 事 務 所　Planning Office

作 画 者　Renderer

出品者　Applicant

応募代表者　Representative of Applicant

●
AZプロジェクト
北海道札幌市南区石山563 〒005,
Tel.011(591)1683,Fax.011(591)1683

●
株式会社アーキサイト
北海道札幌市中央区南3条西12-325-19ダイアパレス南3条401号 〒060,
Tel.011(281)2738,Fax.011(281)2738

●
アートスタジオ画楽
東京都千代田区永田町2-17-5-412ローレル永田町 〒100,
Tel.03(592)0810

●
赤坂浩司
神奈川県横浜市西区宮ヶ谷61-5ヴェラハイツ三沢公園307 〒220,
Tel.045(311)2383,Fax.045(311)2383

有限会社アカサカレンダリング
神奈川県横浜市港北区日吉本町1-23-12-302 〒223,
Tel.044(62)9477,Fax.044(62)9511

安土実
東京都渋谷区本町6-2-21メゾンヒロ201 〒151,アヅチ・プランニングスタジオ
Tel.03(378)6126

アトリエShe
東京都港区南青山6-1-6パレス青山207 〒107,
Tel.03(400)0371,Fax.03(498)1623

アベ・レンダリング
東京都新宿区西新宿7-19-22-515 〒160,
Tel.03(369)3722

有限会社アルド三輪建築設計事務所
大阪府大阪市北区兎我野町4-9 〒530,
Tel.06(361)0850,Fax.06(361)0851

株式会社イシダ建築デザイン デザイン部
京都府京都市南区上鳥羽塔ノ森東向町84-1 〒601,
Tel.075(671)6150,Fax.075(681)3509

井出野芳枝
東京都千代田区三番町7-10NK麹町コータース707 〒102,株式会社パーススタジオ
Tel.03(263)4813,Fax.03(263)5130

有限会社エルファ・アーキテクト
愛知県名古屋市西区新道1-17-18センチュリーハウス日比野三階 〒451,
Tel.052(581)0976,Fax.052(586)7360

大平善生
東京都渋谷区千駄ケ谷4-9-24メゾンドール北参道319 〒151,有限会社アトリエボノム
Tel.03(405)5852,Fax.03(405)5865

株式会社オズ・アトリエ
東京都港区南青山2-5-9パールビル南青山 〒107,
Tel.03(408)4766,Fax.03(470)3159

笠原征人
神奈川県横浜市中区本牧原5-1-508号パークシティ本牧G棟 〒231,
Tel.045(622)3116,Fax.045(622)3116

鹿島建設株式会社
東京都港区赤坂6-5-30 〒107,
Tel.03(5561)2111,Fax.03(5561)2463

川嶋俊介
愛媛県伊与郡松前町北黒田520-2 〒791-31,川嶋レンダリングオフィス有限会社
Tel.0899(84)8498,Fax.0899(84)8498

川原まり子
東京都千代田区三番町7-10NK麹町コータース707 〒102,株式会社パーススタジオ
Tel.03(263)4813,Fax.03(263)5130

株式会社協立建築設計事務所
東京都中央区銀座7-10-16第7ビル 〒104,
Tel.03(572)4491,Fax.03(573)2027

ケイズ
東京都渋谷区上原1-43-17-101 〒151,
Tel.03(481)8965,Fax.03(481)8967

斎藤元紀
東京都武蔵野市吉祥寺北町2-1-18コスモ吉祥寺203 〒180,パースワーク
Tel.0422(20)4440

殖産住宅相互株式会社パース工房
東京都中央区銀座1-9-5 〒104,
Tel.03(567)7031,Fax.03(567)7054

白井パースハウス
埼玉県和光市本町31-8-213シーアイハイツ和光A-213 〒351-01,
Tel.0484(65)1615,Fax.0484(65)1615

進士竜一
東京都文京区本駒込5-67-1クレール駒込511 〒113,
Tel.03(943)8345

スワデザイン
群馬県前橋市南町2-18-15 〒371,
Tel.0272(23)3855

株式会社竹中工務店
大阪府大阪市中央区本町4-1-13 〒541,
Tel.06(252)1201

譚少芝
千葉県船橋市行田3-2-16-410 〒273,
Tel.0474(39)7243

丹野晶子
東京都新宿区早稲田鶴巻町566-403 〒162,アトリエタンノ
Tel.03(207)1104,Fax.03(207)1104

寺川昌子
東京都渋谷区幡ヶ谷1-30-1-904秀和幡ヶ谷レジデンス 〒151,パーススタジオmono
Tel.03(467)8960,Fax.03(485)1864

デン・コーポレーション
東京都渋谷区代々木2-27-8-601 〒151,
Tel.03(320)1620,Fax.03(320)1662

仲條嘉一
東京都港区新橋3-18-7 〒105,株式会社小町園
Tel.03(431)0300,Fax.03(431)5050

中村喜吉
東京都新宿区市ケ谷薬王寺町58 〒162,I.N.A.新建築研究所
Tel.03(268)5392,Fax.03(269)8458

日建設計
東京都文京区後楽1-4-27 〒112,
Tel.03(813)3361,Fax.03(814)2454

日建設計
愛知県名古屋市中区栄4-15-32日建・住生ビル 〒460,
Tel.052(261)6131,Fax.052(261)6136

日建設計
大阪府大阪市中央区高麗橋4-6-2 〒541,
Tel.06(203)2361,Fax.06(204)4294

パース工房Osaki
静岡県静岡市南356-2リベール南301 〒420,
Tel.0542(59)9025,Fax.0542(59)9025

株式会社フクナガレンダリング
東京都千代田区飯田橋1-7-10山京ビル 〒102,
Tel.03(263)5445,Fax.03(263)5447

古橋孝之
静岡県浜松市古人見町3422-1 〒431-11,
Tel.0534(85)2884

宮村幹子
東京都町田市高ヶ坂1038ビクトリアハイツ町田2-12 〒194,
Tel.0427(24)0580,Fax.0427(24)0580

村山善次郎
千葉県習志野市谷津5-28-12 〒275,村山デザインスタジオ
Tel.0474(75)4355,Fax.0474(78)2509

森山雅彦
大阪府大阪市西区新町1-8-1諏訪ビル10階E号 〒550,テラアート工房
Tel.06(536)0291,Fax.06(536)0923

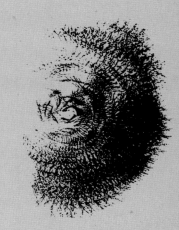

株式会社山田デザイン事務所
愛知県名古屋市千種区菊坂町2-9ライオンズマンション覚王山211号 〒464,
Tel.052(751)3811,Fax.052(752)1199

吉田冨士夫
大阪府大阪市東淀川区瑞光4-7-11本多ビル301号 〒533,パースプランニング
Tel.06(327)4947,Fax.06(327)4947

ARD Miwa Architectural Office
4-9,Togano-cho,Kita-ku,Osaka-shi,Osaka,530
Tel.06(361)0850,Fax.06(361)0851

AZ Project
563,Ishiyama,Minami-ku,Sapporo-shi,Hokkido,005
Tel.011(591)1683,Fax.011(591)1683

Abe Rendering
7-19-22-515,Nisishinjuku,Shinjuku-ku,Tokyo,160
Tel.03(369)3722

Akasaka Rendering
1-23-12-302,Hiyoshi-Honcho,Kohoku-ku,Yokohama-shi,Kanagawa,223
Tel.044(62)9477,Fax.044(62)9511

Akiko Tanno
Atelier Tanno,566-403,Tsurumaki-cho,Waseda,Shinjuku-ku,Tokyo,162
Tel.03(207)1104,Fax.03(207)1104

Archisight Co.,Ltd.
401,Diapalace-Minami-3jo,12-325-19,nish,3-Jo,Chuo-ku,Sapporo-shi,Hokkaido,060
Tel.011(281)2738,Fax.011(281)2738

Art Studio Gallac
412,Laurel Nagatacho,2-17-5,Nagata-cho,Chiyoda-ku,Tokyo,100
Tel.03(592)0810

Atelier She
207,Palace Aoyana,6-1-6,Minami-Aoyama,Minato-ku,Tokyo,107
Tel.03(400)0371,Fax.03(498)1623

Den.Corporation
2-27-8-601,Yoyogi,Shibuya-ku,Tokyo,151
Tel.03(320)1620,Fax.03(320)1662

Elfa Architect Ltd.
Century House Hibino 3F,1-17-18,Shinmichi,Nishi-ku,Nagoya-shi,Aichi,451
Tel.052(581)0976,Fax.052(586)7360

Fujio Yoshida
Pers Planning,301,Honda Bldg.,4-7-11,Zuiko,Higashi yodogawa-ku,Osaka-shi,Osaka,533
Tel.06(327)4947,Fax.06(327)4947

Fukunaga Renderings Co.,Ltd.
Sankyo Building,1-7-10,Iidabashi,Chiyoda-ku,Tokyo,102
Tel.03(263)5445,Fax.03(263)5447

Hiroshi Akasaka
Peak 1,307,Vella Heights Mitsuzawakoen,61-5,Miyagaya,Nishi-ku,Yokohama-shi,Kanagawa,220
Tel.045(311)2383,Fax.045(311)2383

Ishida Architectural Design Office Co.,Design Section
84-1,Higashimukai-machi,Tonomori,Kamitoba,Minami-ku,Kyoto-shi,Kyoto,601
Tel.075(671)6150,Fax.075(681)3509

Kajima Corporation
6-5-30,Akasaka,Minato-ku,Tokyo,107
Tel.03(5561)2111,Fax.03(5561)2463

Keiz
1-43-17-101,Uehara,Shibuya-ku,Tokyo,151
Tel.03(481)8965,Fax.03(481)8967

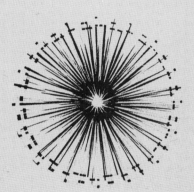

Kiyoshi Nakamura
Institute of New Architecture, 58, Yakuoji-cho, Ichigaya, Shinjuku-ku, Tokyo, 162
Tel.03(268)5392, Fax.03(269)8458

Kyoritsu Associates Architects & Engineers
Dainana Building, 7-10-16, Ginza, Chuo-ku, Tokyo, 104
Tel.03(572)4491, Fax.03(573)2027

Mariko Kawahara
Pers Studio Co., Ltd., 707, NK Kojimachi Quaters, 7-10, Sanban-cho, Chiyoda-ku, Tokyo, 102
Tel.03(263)4813, Fax.03(263)5130

Masahiko Moriyama
Terra Art Design Office, Suwa Bldg., 10F, 1-8-1, Shinmachi, Nishi-ku, Osaka-shi, Osaka, 550
Tel.06(536)0291, Fax.06(536)0923

Masako Terakawa
Pers Studio mono, 904, Shuwa-Hatagaya-Residence, 1-30-1, Shibuya-ku, Tokyo, 151
Tel.03(467)8960, Fax.03(485)1864

Masato Kasahara
G, Park-City-Honmoku, 5-1-508, Honmokuhara, Naka-ku, Yokohama-shi, Kanagawa, 231
Tel.045(622)3116, Fax.045(622)3116

Mikiko Miyamura
2-12, Victoria Heights Machida, 1038, Kougasaka, Machida-shi, Tokyo, 194
Tel.0427(24)0580, Fax.0427(24)0580

Minoru Azuchi
Azuchi Planning Studio, 201, Mezon Hiro, 6-2-21, Honcho, Shibuya-ku, Tokyo, 151
Tel.03(378)6126

Motoki Saito
Pers Work, 203, Cosmo-Kichijoji, 2-1-18, Kichijoji-Kita-machi, Musashino-shi, Tokyo, 180
Tel.0422(20)4440

Nikken Sekkei Ltd.
1-4-27, Koraku, Bunkyo-ku, Tokyo, 112
Tel.03(813)3361, Fax.03(814)2454

Nikken Sekkei Ltd.
Nikken-Sumisei Building, 4-15-32, Sakae, Naka-ku, Nagoya-shi, Aichi, 460
Tel.052(261)6131, Fax.052(261)6136

Nikken Sekkei Ltd.
4-6-2, Koraibashi, Chuo-ku, Osaka-shi, Osaka, 541
Tel.06(203)2361, Fax.06(204)4294

Ozu-Atelier Co., Ltd.
Pearl building Minamiaoyama, 2-5-9, Minamiaoyama, Minato-ku, Tokyo, 107
Tel.03(408)4766, Fax.03(470)3159

Pers Kobo Osaki
301, Reberl-Minami, 356-2, Minami, Shizuoka-shi, Shizuoka, 420
Tel.0542(59)9025, Fax.0542(59)9025

Ryuichi Shinji
511, Clair-Komagome, 5-67-1, Honkomagome, Bunkyo-ku, Tokyo, 113
Tel.03(943)8345

Shirai Peas House
A-213, CI Heights Wako, 31-8, Honcho, Wako-shi, Saitama, 351-01
Tel.0484(65)1615, Fax.0484(65)1615

Shokusan Jutaku Sogo Co., Ltd., Pers Design Office
1-9-5, Ginza, Chuo-ku, Tokyo, 104
Tel.03(567)7031, Fax.03(567)7054

Shunsuke Kawashima
Kawashima Rendering Office Inc., 520-2, Kitakuroda, Masaki-cho, Iyo-gun, Ehime, 791-31
Tel.0899(84)8498, Fax.0899(84)8498

● **Suwa Design**
2-18-5,Minami-cho,Maebashi-shi,Gunma,371
Tel.0272(23)3855

● **Takayuki Furuhashi**
3422-1,Kohitomi-cho,Hamamatsu-shi,Shizuoka,431-11
Tel.0534(85)2884

● **Takenaka Corporation**
4-1-13,Hom-machi,Chuo-ku,Osaka-shi,Osaka,541
Tel.06(252)1201

● **Tan Shao zhi**
3-2-16-410,Gyota,Funabashi-shi,Chiba,273
Tel.0474(39)7243

● **Yamada Design Office**
211,Lions Mansion Kakuozan,2-9,Kikusaka-cho,Chikusa-ku,Nagoya-shi,Aichi,464
Tel.052(751)3811,Fax.052(752)1199

● **Yoshie Ideno**
Pers Studio Co.,Ltd.,707,NK Kojimachi Quaters,7-10,Sanban-cho,Chiyoda-ku,Tokyo,102
Tel.03(263)4813,Fax.03(263)5130

● **Yoshikazu Nakajo**
Komachien Corporation,3-18-7,Shinbashi,Minato-ku,Tokyo,105
Tel.03(431)0300,Fax.03(431)5050

● **Zenjiro Murayama**
Murayama Design Studio,5-28-12,Yatsu,Narashino-shi,Chiba,275
Tel.0474(75)4355,Fax.0474(78)2509

● **Zensei Ohira**
Atelier Bonhomme Co.,Ltd.,319,Maisondoll Kita-sando,4-9-24,Sendagaya,Shibuyaku,Tokyo,151
Tel.03(405)5852,Fax.03(405)5865

あ　と　が　き

　近年の我が国の経済は，世界のトップレベルにあるといわれております。しかし，一般の人々がその豊かさを実感できないのは，住空間や社会福祉，リゾート施設など，そのレベルにふさわしい社会環境を，経験できないためでしょうか。

　自由社会の中で，強い競争力を持つためには，高い技術力と生産性が，最優先重要課題であり，戦後の日本はその方面に，多大な力を注いできました。新産業都市や列島改造は，経済，流通には大きな貢献があったかもしれませんが，同時に，公害や乱開発による自然破壊など，多くの問題を残しました。

　そして今，第二次列島改造ともいえるリゾート開発の大規模プロジェクトが，日本全国に展開されています。今まで経済成長の陰に取り残されてきた，住宅環境や季節リゾート地が充実し，身近なものになってゆくことは，歓迎すべきことであります。また過去の苦い経験を生かし，自然との調和を図りながら，それらの計画を進めてゆくことは，十分に可能なことと思われます。

　本書に収録されたパースは，北から南までの様々なリゾートの計画でありますが，各々の開発に係わる人々が，その辺りをいかに考え，イメージをふくらませているか，苦心しているかが，ひとつの見どころでしょうか。

　またResoetの意味は，保養地のほかに，行きつけの場所とか，(仲間の)寄り集まるということであり，Leisureは，暇なときにゆっくりすることとか，安逸を意味するように，各個人にとってリゾートとは，それぞれ違った，自分だけのものであるのではないでしょうか。アーバンリゾートとは，都会の盛り場そのものであり，人によっては，何もない高原や，ただ波の打ち寄せる浜辺にいるだけで，十分にレジャーとなるのです。

　豊かなバランスのとれた社会を目指すとき，だれもが身近にリゾートを持っていることは，必要条件であり，そのためにリゾート開発がかくも歓迎されるのでしょうが，それらの施設を利用する側にとっては，いずれが自分にとって一番気に入った，なじめる空間であるかを見つけることが大切なことです。ひとつのリゾートを通して作り手と，利用者が出会う時，各々のイメージがどのくらい合致するか，各リゾートは選択されるわけです。

　本書，パース作品集『レジャー＆リゾート』が，ただ単に現在と近未来のリゾート開発状況の情報としてだけでなく，様々な読み方のできるパース作品集となり得ましたことは，前回同様，貴重な作品を提供して頂いた多くの方々の協力の賜ものです。本シリーズを企画され，次号の製作に奮闘中の，グラフィック社の大田氏とともに厚く御礼申し上げます。

日本アーキテクチュラル・レンダラーズ協会　理事長　大平善生

150

The economy of our country over the past few years has been ranked at the top of the world. However, people in general are not realizing this wealthiness. Could this be owing to the fact that they cannot experience the social environments of living space, social welfare and resort facilities that are equable to such a high level?

In order to maintain a competitive strength within a free society, it is most important to have a highly technical ability and production. Japan has strongly concentrated on these areas in the post-war era. The reconstruction of new industrial cities and islands might have contributed greatly to our economy and circulation, but at the same time they have left us with many problems such as polution, the destruction of nature and the act of wild development.

Now, however, large-scaled resort development projects that would constitute the rebuilding of the islands is evolving throughout the whole country. We should be grateful for the fact that the housing environment and seasonal resort areas that were left behind in the eagerness of economic growth are now coming into their own as perfect and familiar elements. Additionally, the benefit of hindsight will offer us harmony with nature which will easily help us set forth on beneficial projects.

The perspective drawings included in this book are the various projects that have been collected from the top of Japan to the bottom. One of the points worthy of noting within its pages is the fact that one can see how the people engaged with each development think of the concept and then fill out the image while taking pains over the planning.

A resort is a favourite place or a place to socialize in addition to being an area in which one can be idle and completely relax. In other words, somewhere totally different to one's usual personal slot in a respectful way. The urban resort is public resort in itself, but some people enjoy their leisure in the featureless tablelands or on a beach listening to the roar of the waves.

When to thinking of the aims of creating a wealthy and well-balanced society, it is obvious that everybody should live within easy access of a resort area. In order to fulfill such requirements, the issue of resort development is to be welcomed. Of course, it is still necessary for the people who use such facilities to discover exactly which area suits their tastes and comforts. When the builder and the user meet through the medium of a resort facility, the final decision will lie with the selection through examination of the user.

This collection, "Leisure & Resorts Spaces", has been published not only as a mere source of information on the present and future conditions of resort development, but also as a compilation of perspective drawings that can be read in various ways. As in the previous edition, we could not have brought it to press without the cooperation of the many people who contributed their valuable works. Both I and Mr.Ota, the editor who is already working on the next production, would like to extend our deepest gratitude.

Yoshio Ohira : Chairman, Japan Architectual Renderer Association

A f t e r w o r d

建 築 パ ー ス ❷
レジャー&リゾート
Architectural Rendering ❷
Leisure & Resort Space

初 版 第 1 刷 発 行	1990年11月25日
編 集	グラフィック社編集部
監 修	日本アーキテクチュラル・レンダラーズ協会
装 丁	箕浦卓
レ イ ア ウ ト	箕浦卓 協力:志塚幸恵
編 集 協 力	大平善生
翻 訳	株式会社新世社
発 行 者	久世利郎
印 刷	錦明印刷株式会社
製 本	錦明印刷株式会社
写 植	三和写真工芸株式会社
デ ザ イ ン 印 字	プロスタディオ（駒井靖夫）
発 行	株式会社グラフィック社 〒102 東京都千代田区九段北1-9-12 Tel.03-263-4318

乱丁・落丁はお取り替え致します。

ISBN4-7661-0571-0 C3052